DÉCRET

PORTANT

RÈGLEMENT SUR LE SERVICE SPÉCIAL

DE LA

GENDARMERIE MARITIME

Du 22 Décembre 1917

IMPRIMERIE-LIBRAIRIE DE LA GENDARMERIE

A. LE-NORMAND

Ancienne Maison LÉAUTEY

24, rue Saint-Guillaume et boulevard Saint-Germain, 187

PARIS

DÉCRET

PORTANT

RÈGLEMENT SUR LE SERVICE SPÉCIAL

DE LA

GENDARMERIE MARITIME

Du 22 Décembre 1917

IMPRIMERIE-LIBRAIRIE DE LA GENDARMERIE

A. LE NORMAND

Ancienne Maison LÉAUTEY

24, rue Saint-Guillaume et boulevard Saint-Germain, 187

PARIS

MINISTÈRE DE LA MARINE

RAPPORT

AU PRÉSIDENT DE LA RÉPUBLIQUE FRANÇAISE

SUR

L'ORGANISATION ET LE SERVICE SPÉCIAL

DE LA GENDARMERIE MARITIME

Paris, le 22 décembre 1917.

MONSIEUR LE PRÉSIDENT,

Les cinq compagnies de gendarmerie maritime que le décret du 15 juillet 1858 a attachées, à raison d'une par port militaire, aux cinq arrondissements maritimes, constituent des unités entièrement autonomes. Aussi, existe-t-il, entre elles, des différences profondes, tant dans l'exécution du service qui leur incombe, que dans l'application des règlements relatifs à l'administration, l'instruction, à la tenue et à la discipline des officiers et de la troupe.

L'état de guerre n'a fait qu'aggraver les inconvénients de cette autonomie, déjà sensibles en temps de paix. Le moment est donc venu de réaliser le projet, depuis longtemps à l'étude, qui consiste à grouper les cinq compagnies de gendarmerie maritime en une légion, constituée à l'image des légions de gendarmerie départementale. Tel est l'objet principal du projet de décret joint au présent rapport.

Le chef de la légion de gendarmerie maritime présidera à l'administration de tout le personnel de la légion et fixera le programme général de l'instruction, tant militaire que spéciale des officiers et de la troupe.

En ce qui concerne le commandement et la direction du service confié à la gendarmerie, une distinction est faite entre l'arrondissement maritime où la légion aura son siège et les autres arrondissements.

Dans l'arrondissement de sa résidence, le chef de la légion de gendarmerie maritime exercera, sous l'autorité du major général et du préfet maritime, le commandement et la direction du service de la gendarmerie, au même titre que le chef d'une légion départementale dans l'étendue d'une région de corps d'armée.

Dans les quatre autres arrondissements maritimes, le commandement et la direction continueront à être exercés par le commandant de la compagnie ; mais cet officier qui reste, bien entendu, soumis à l'autorité du major général et du préfet maritime, sera tenu d'informer le chef de légion, par des comptes rendus périodiques, de tous les faits de service de quelque importance survenus dans la compagnie qu'il commande.

Enfin, le chef de légion remplira, avec le titre d'inspecteur permanent de la gendarmerie maritime, des fonctions analogues à celles des inspecteurs généraux de la gendarmerie départementale. Par une inspection générale annuelle et, au besoin, par des inspections partielles, qui pourront être inopinées, il se rendra compte de la manière dont le service est exécuté par les commandants de compagnie, et sera toujours en mesure de signaler aux majors généraux et préfets maritimes, ainsi qu'au ministre, les erreurs ou négligences commises et les progrès à réaliser.

La création de la légion de gendarmerie maritime n'impliquait pas nécessairement une refonte complète du décret du 15 juillet 1858; mais, comme d'assez nombreuses dispositions de cet acte organique ne sont plus en harmonie avec les décrets et règlements qui, depuis cinquante-neuf ans, ont profondément modifié le régime des arsenaux et établissements de la marine, il a paru nécessaire de fixer, par un texte entièrement nouveau, l'organisation et le service de la gendarmerie maritime.

Le décret que j'ai l'honneur de soumettre à votre haute sanction se substituera donc complètement au décret du 15 juillet 1858, précité. J'ajoute qu'il n'entraînera aucune augmentation de dépense. La centralisation, au siège de la légion, de l'administration du corps, actuellement fractionnée entre les cinq compagnies, réalisera, en effet, une économie couvrant, et au-delà, les frais inhérents à la nouvelle organisation et que l'une des dernièree lois de finances a, d'ailleurs, sanctionnés.

Si vous approuvez les vues exposées dans le présent rapport, j'ai l'honneur de vous prier, monsieur le

Président, de vouloir bien revêtir de votre signature le projet de décret ci-joint.

Je vous prie d'agréer, monsieur le Président, l'hommage de mon profond respect.

Le Ministre de la marine,

Georges Leygues.

DÉCRET

Le Président de la République française,

Vu le décret du 15 juillet 1858, portant règlement sur le service spécial de la gendarmerie maritime ;

Vu le décret du 5 décembre 1902, portant règlement sur l'administration et la comptabilité des corps de gendarmerie ;

Vu le décret du 20 mai 1903, portant règlement sur l'organisation et le service de la gendarmerie départementale ;

Vu le décret du 3 février 1914, portant règlement sur le service intérieur de la gendarmerie départementale ;

Vu le décret du 8 juillet 1916, modifiant l'organisation des services militaires des arrondissements maritimes ;

Vu les décrets modificatifs des précédents ;

Sur le rapport du ministre de la marine,

Décrète :

TITRE Ier

Organisation de la gendarmerie maritime

CHAPITRE Ier

Affectation spéciale et organisation du corps

Art. 1er. — La gendarmerie maritime constitue pour les officiers, comme pour les sous-officiers, brigadiers et gendarmes, un corps de troupe à pied.

Elle est une des parties intégrantes de l'armée de mer et prend rang à la droite de tous les autres corps de cette armée.

La gendarmerie maritime est spécialement affectée à la sûreté et à la police des ports, arsenaux et établissements de la marine, elle concourt à l'exécution des lois et règlements relatifs à l'inscription maritime, à la police de la navigation, à la police des pêches et à la police du domaine maritime.

La gendarmerie maritime relève exclusivement du ministre de la marine, qui détermine les effectifs à détacher dans les quartiers d'inscription maritime pour concourir à l'exécution des services ressortissant au département ministériel chargé de la marine marchande.

En dehors de leur service spécial, les militaires de la gendarmerie maritime ont qualité pour exercer, en l'absence ou à défaut de militaires de la gendarmerie départementale, les attributions dévolues à la gendarmerie par les lois et règlements.

Art. 2. — Le corps de la gendarmerie maritime forme une légion, divisée en cinq compagnies, qui sont attachées séparément au service des cinq arrondissements maritimes de la métropole ; chacune d'elles porte le numéro de l'arrondissement auquel elle appartient.

Le ministre de la marine pourvoit, par des décisions spéciales, à la répartition de l'effectif entre les compagnies.

Art. 3. — Les lois, ordonnances et décrets relatifs à l'organisation au service intérieur, à la solde, à l'administration et à la comptabilité, aux pensions de réforme ou de retraite du corps de la gendarmerie, sont applicables à la gendarmerie maritime, sous réserve des exceptions prévues au présent décret ou résultant des instructions particulières du ministre de la marine.

Toute mesure nouvelle adoptée pour le corps de la gendarmerie, par le département de la guerre, ne deviendra, cependant, applicable à la gendarmerie maritime qu'après décision du ministre de la marine.

CHAPITRE II

Recrutement

Art. 4. — Les emplois de gendarme de la marine sont donnés aux marins en activité de service ou aux anciens marins comptant au moins quatre ans de présence dans les équipages de la flotte.

A défaut de marins, ces emplois peuvent être donnés aux militaires ou anciens militaires de l'armée de terre comptant au moins quatre années de présence sous les drapeaux.

Les candidats de l'une ou l'autre provenance doivent, en outre, remplir les conditions d'âge, de taille, de conduite et autres fixées par une instruction spéciale du ministre de la marine.

Les militaires et marins qui n'ont pas l'âge requis pour être admis comme gendarmes, peuvent, à partir de l'âge de vingt-deux ans, être admis en qualité d'élèves, s'ils remplissent les autres conditions d'aptitude au service de la gendarmerie.

Les candidats officiers mariniers ou sous-officiers priment les quartiers-maîtres, caporaux ou brigadiers, qui priment, eux-mêmes, les matelots ou soldats

Art. 5. — Les nominations à l'emploi d'élève-gendarme ou de gendarme sont prononcées par le ministre, mais les commissions sont délivrées par le ministre aux nouveaux admis où aux élèves-gendarmes qui atteignent vingt-cinq ans, par le chef de légion, agissant par délégation du ministre.

Les élèves gendarmes qui ont atteint l'âge de vingt-cinq ans, dont la conduite ou la manière de servir laisse à désirer sont déférés devant un conseil d'enquête qui donne son avis sur l'opportunité de les conserver dans la gendarmerie.

Avant d'entrer en fonctions, les militaires de la gendarmerie maritime sont tenus de prêter serment suivant les règles en vigueur pour les militaires des différents corps de gendarmerie.

CHAPITRE III

Changements de résidence

Art, 6. — Les militaires de tous grades de la gendarmerie maritime sont tenus de résider dans le lieu qui leur est assigné.

Les changements de compagnie pour convenances personnelles ou par permutation, sont prononcés, après avis du chef de légion, par le préfet maritime dont relève la compagnie demandée.

Les changements de compagnie dans l'intérêt du service, et ceux qui constituent une mesure disciplinaire, sont prononcés, après avis du chef de légion, par le ministre.

A l'intérieur des compagnies, le préfet maritime prononce sur la proposition du major général les changements motivés par des considérations de service.

La relève des gendarmes détachés hors du port chef-lieu s'effectue conformément aux instructions spéciales du ministre.

CHAPITRE IV

Démissions, renvois ou retraites

Art. 7. — Les démissions, renvois et retraites ont lieu dans les formes prévues par le règlement sur l'organisation et le service de la gendarmerie départementale.

Le chef de légion accepte, par délégation du ministre, les démissions offertes par les hommes de troupe de tous grades.

La procédure à suivre pour les admissions d'office à la retraite proportionnelle et la révocation des sous-officiers, brigadiers et gendarmes de la marine, est le même que pour la gendarmerie départementale, sous les réserves suivantes :

1° Les pouvoirs dévolus aux généraux commandant les régions de corps d'armée seront exercés par les préfets maritimes.

2°. A défaut d'officiers de gendarmerie maritime n'ayant pas connu de l'affaire et, par suite, susceptibles de siéger au conseil d'enquête, on composera ce conseil d'officiers de marine en service au port chef-lieu, la présidence devant toujours être exercée par un officier supérieur.

CHAPITRE V

Avancement

Section I. — Avancement des sous-officiers, brigadiers et gendarmes

Art. 8. — L'avancement au grade de brigadier et de sous-officier a lieu sur l'ensemble de la légion ; il est réservé aux militaires figurant au tableau général d'avancement prévu par l'article 10 ci-après.

Les emplois de brigadier sont donnés à des gendarmes ayant au moins six mois de services dans la gendarmerie maritime.

Les emplois de maréchal des logis et de maréchal des logis chef sont donnés à des militaires du grade immédiatement inférieur, ayant au moins six mois de service dans ce grade.

Les emplois d'adjudant sont donnés aux maréchaux des logis chefs, ou à des maréehaux des logis ayant au moins six mois de grade de sous-officier.

Art. 9. — Les emplois de maréchal des logis chef, premier secrétaire du trésorier, et de maréchal des logis, deuxième secrétaire du trésorier, sont donnés de préférence aux comptables du grade immédiatement inférieur, ayant au moins six mois de grade et portés au tableau d'avancement ou, à défaut, à des militaires de la partie active du même grade ou du grade immédiatement inférieur, réunissant les mêmes conditions.

L'emploi de brigadier, troisième secrétaire du trésorier, est donné soit à un brigadier, soit à un gendarme ayant au moins six mois de service dans la gendarmerie et porté au tableau d'avancement.

Les candidats provenant de la partie active doivent avoir justifié de leur aptitude à la comptabilité.

Art. 10. — Dans chaque compagnie, le tableau d'avancement au grade de brigadier et de sous-officier, et la liste d'aptitude aux fonctions administratives, sont établis de nouveau, chaque année, à l'époque de l'inspection générale, ils sont arrêtés, sur la présentation du commandant de compagnie, par le chef de légion inspecteur, puis visés, avec observations, s'il y a lieu, par le major général et par le préfet maritime, lequel les transmet au ministre.

Le tableau général d'avancement de la légion est dressé à Paris par une commission spéciale, d'après les tableaux et listes produits par les cinq compagnies.

En cas d'épuisement prématuré du tableau général d'avancement, le chef de légion établit, d'après les propositions des commandants de compagnie, un tableau supplémentaire qui est transmis au ministre, dans les mêmes conditions que ci-dessus.

Les promotions aux divers grades et emplois de sous-officier et de brigadier sont faites, par délégation du ministre, par le chef de légion, dans l'ordre du tableau général d'avancement.

Section II. — Avancement aux différents grades et emplois d'officiers

Art. 11. — L'avancement à tous les grades d'officier a lieu conformément aux dispositions ci-après :

La moitié des lieutenances vacantes est donnée à l'avancement des sous-officiers de gendarmerie maritime qui comptent au moins deux ans de grade de sous officier au 31 décembre de l'année de la proposition dont ils sont l'objet. En temps de paix, ces sous-officiers doivent, pour être nommés au grade de sous-lieutenant, avoir subi avec succès les épreuves d'un examen d'aptitude dont le ministre de la marine fixe les conditions et le programme. Les sous-officiers remplissant les conditions sus-énoncées sont d'abord pourvus du grade de sous-lieutenant et sont promus à celui de lieutenant après deux ans d'exercice dans leurs fonctions.

L'autre moitié des lieutenances est donnée à des lieutenants de l'armée de terre âgés de plus de vingt-cinq ans et de moins de trente-six ans, sans condition d'ancienneté de grade.

Les emplois de capitaine sont donnés : trois quarts aux lieutenants de gendarmerie maritime, et un quart aux capitaines de l'armée de terre âgés de plus de vingt-cinq ans et de moins de quarante-trois ans, qui justifient de onze ans de services en qualité d'officier.

Les lieutenants et capitaines de l'armée de terre ne sont admis dans la gendarmerie maritime qu'après avoir subi avec succès un examen spécial d'aptitude dont le ministre fixe le programme.

A défaut d'officiers de l'armée de terre, reconnus aptes, les emplois qui leur sont réservés sont dévolus aux candidats appartenant à la gendarmerie maritime.

L'emploi de trésorier de la légion est attribué à un officier reconnu apte à ces fonctions spéciales et proposé à l'inspection générale.

Les emplois d'officier supérieur sont donnés en totalité à l'avancement des officiers de gendarmerie maritime.

TITRE II

Rapports de la gendarmerie maritime avec les autorités, — Attributions des officiers. — Inspections. — Discipline

CHAPITRE 1er

Rapports avec les autorités maritimes et autres

Art. 12. — La gendarmerie maritime est placée sous l'autorité immédiate des préfets maritimes et des majors généraux.

Le major général répartit entre l'arsenal et les autres établissements ou services du port chef-lieu, le nombre de gradés ou de gendarmes qu'il juge nécessaire.

Il détache dans les établissements de la marine situés hors du port chef-lieu et dans les quartiers d'inscription maritime le nombre de gradés et de gendarmes affectés à ces postes fixés par les instructions du ministre de la marine.

Art. 13. — Les militaires de la gendarmerie maritime mis à la disposition des directeurs d'établissements hors des ports et des administrateurs de l'inscription maritime, relèvent de ces directeurs et administrateurs pour l'exécution du service de police et de surveillance dont ils sont chargés.

Aucun congé, ni permission d'absence, ne peuvent leur être accordés sans l'avis préalable des directeurs ou administrateurs près desquels ils sont placés.

Art. 14. — Les militaires de la gendarmerie maritime sont tenus de déférer aux réquisitions qui leur sont faites par les majors et aides-majors de la marine, les chefs de corps, de dépôt, de détachement, les chefs de service ou de détail, les rapporteurs près les tribunaux de la marine, et les autres autorités maritimes.

Ils sont également tenus de déférer aux réquisitions que les autorités civiles, judiciaires et autres peuvent être amenées à leur adresser dans des cas exceptionnels.

Art. 15. — Dans les ports chefs-lieux d'arrondissement maritime, les réquisitions, faites par écrit, datées et signées, sont toujours adressées au commandant de compagnie. Sur tous les autres points, elles sont adressées au chef de poste.

Les réquisitions faites par les autorités étrangères à la marine sont toujours adressées au préfet maritime.

Art. 16. — Dans le cas où une réquisition adressée à un chef de poste ou à un commandant de compagnie paraîtrait abusive ou illégale, elle serait déférée, dans le plus bref délai, par la voie hiérarchique, au préfet maritime.

Dans le même cas, la réquisition qu'une autorité étrangère à la marine aurait adressée au préfet maritime serait déférée par celui-ci au ministre.

Toutefois, si l'autorité qui a formulé la réquisition déclare formellement, sous sa responsabilité, que son exécution est urgente, il doit être obtempéré immédiatement à cette réquisition.

Art. 17. — Les sous-officiers, brigadiers et gendarmes maritimes ne peuvent être employés à porter la correspondance des différentes autorités de la marine que dans les cas urgents et à défaut d'autres moyens. Les abus dont ce service peut être l'objet sont déférés par les commandants de compagnie aux préfets maritimes.

Toutefois, les sous-officiers, brigadiers et gendarmes détachés hors du port chef-lieu étant obligés d'aller chaque jour à la poste pour y porter et y recevoir leur correspondance, y portent et rapportent en même temps celle des chefs de service et administrateurs dont ils relèvent.

Les militaires de la gendarmerie maritime ne peuvent, d'ailleurs, être employés à aucun service personnel, à aucune fonction qui ne serait pas compatible avec les règlements constitutifs de la gendarmerie.

CHAPITRE II

Attributions respectives des officiers

Art. 18. — Dans chaque arrondissement maritime, le commandement et la direction du service de la gendarmerie appartiennent, sous l'autorité du major général et du préfet maritime et sous réserve des droits conférés aux directeurs des établissements hors des ports et aux administrateurs de l'inscription maritime par l'article 13 ci-dessus, à l'officier de gendarmerie le plus élevé en grade ou, à grade égal, le plus ancien.

Art. 19. — En plus des attributions qu'il exerce, conformément à l'article précédent, dans l'arrondissement maritime de sa résidence, le chef de légion possède, en ce qui concerne l'instruction et l'administration du personnel de la légion, sans distinction de compagnie, tous les pouvoirs attribués au chef d'une légion départementale par les règlements du ministre de la guerre.

Il nomme, par délégation du ministre, aux divers grades et emplois de la troupe en suivant strictement l'ordre du tableau général d'avancement.

Il dirige le cours des aspirants élèves officiers.

Il est inspecteur permanent du corps, dans les conditions fixées par l'article 24 ci-après.

Art. 20. — Le commandant de compagnie est le chef immédiat de son unité.

Il est responsable vis-à-vis du chef de légion, s'il réside du siège de la légion, vis-à-vis du major général, dans le cas contraire, de la bonne exécution des services confiés à la gendarmerie et ne relevant pas des autorités visées à l'article 13 du présent décret.

Il est responsable de la discipline, de l'éducation militaire, de la tenue et de l'instruction de tout le personnel de sa compagnie.

Il adresse au chef de légion ou au major général, suivant le cas, un rapport journalier sur les services accomplis par le personnel sous ses ordres et sur tous les événements survenus pendant les vingt-quatre heures. S'il ne réside pas dans le même port que le chef de légion, il fournit, périodiquement, à cet officier supérieur, un résumé des rapports journaliers ci-dessus visés.

Art. 21. — L'officier adjoint au commandant de compagnie, est initié par ce dernier, qu'il est appelé à remplacer éventuellement, à tous les détails du service.

Il exerce les fonctions d'officier d'armement.

Il est dépositaire comptable de l'armement et du mobilier appartenant à l'Etat.

Enfin, il assiste, avec le titre de sous aide-major, l'officier de marine chargé, sous l'autorité du major général, de la garde militaire, de la sûreté et de la police générale de l'arsenal. En cette qualité, il procède, par priorité et préférence à tous autres officiers de police judiciaire, à la recherche et à la constatation des crimes et délits de toute nature commis dans l'intérieur de cet établissement.

Art. 22. — Les attributions de l'officier trésorier sont définies par le règlement sur l'administration et la comptabilité de la gendarmerie.

CHAPITRE III

Inspections

Art. 23. — Le chef de la légion de gendarmerie maritime, inspecteur permanent du corps, s'assure, par une inspection générale, annuelle et, au besoin, par des inspections partielles, qui peuvent être inopinées, de l'exécution de tout ce qui est prescrit par les lois, décrets et règlements généraux et spéciaux de la gendarmerie.

Il se conforme, dans l'exercice de ces attributions, aux règles en vigueur pour l'inspection générale de la gendarmerie départementale et aux instructions particulières du ministre de la marine.

Art. 24. — Le commandant de compagnie visite une fois par an, en inspection annoncée, tous les postes détachés de sa compagnie, et, en inspection inopinée, la moitié au moins de ces postes.

Les inspections annoncées doivent être terminées le 15 juin au plus tard. Les dates des inspections inopinées sont laissées à l'initiative du commandant de compagnie, qui doit, néanmoins, aviser au préalable le major général et le chef de légion de son intention d'exécuter un service de cette nature.

Au cours de ses inspections, le commandant de compagnie vérifie, près des autorités mentionnées à l'article 13, si le service de la gendarmerie est fait avec exactitude, activité et suivant toutes les prescriptions réglementaires, si les militaires inspectés ont une bonne conduite et si leur tenue est toujours convenable et régulière.

Il porte une attention particulière sur le casernement et le bien-être du personnel.

Il consigne brièvement, au registre de correspondance du chef de poste, ses observations, dont une copie est adressée au major général et au chef de légion.

CHAPITRE IV

Discipline

Art. 25. — Les militaires de la gendarmerie maritime (officiers et troupe) ne peuvent être punis que par leurs supérieurs de la gendarmerie, par les officiers généraux de terre et de mer, par les directeurs des établissements hors des ports, et par les directeurs de l'inscription maritime.

Tout autre supérieur qui a relevé une faute commise par un militaire de ce corps fait une demande de punition à celle des autorités ci-dessus mentionnées dont il relève lui-même ou, directement, au commandant de la compagnie dont le militaire fait partie. L'auteur de la plainte est toujours avisé de la suite qui lui a été donnée.

Les autorités pouvant infliger des punitions se conforment, pour la nature et la durée de celles-ci, le droit de les modifier ou de les faire cesser, la concession du sursis, aux dispositions du décret portant règlement sur le service intérieur de la gendarmerie départementale.

Art. 26. — Il est interdit aux sous-officiers, brigadiers et gendarmes de la marine de prendre directement ou indirectement un intérêt quelconque dans le commerce du poisson, du coquillage, etc., d'exiger ou de recevoir, des pêcheurs, une rétribution quelconque, soit en nature, soit en argent.

Si des gratifications sont offertes par des armateurs, courtiers, négociants et autres particuliers, par des administrations de l'Etat ou des municipalités, il en est rendu compte au chef de légion, qui statue.

TITRE III

Service spécial de la gendarmerie maritime

Art. 27. — Le service spécial de la gendarmerie maritime se divise en service ordinaire et en service extraordinaire.

Le service ordinaire est celui qui s'opère journellement ou à des époques déterminées, sans qu'il soit besoin d'ordre ou de réquisition de la part des autorités compétentes.

Le service extraordinaire est celui dont l'exécution n'a lieu qu'en vertu d'ordres ou de réquisitions.

Tout service donnant droit à des frais de déplacement s'exécute en vertu d'un ordre écrit.

CHAPITRE Ier

Service ordinaire

SECTION I. — Service dans les ports militaires, arsenaux et établissements de la marine.

Art. 28. — La gendarmerie maritime est chargée de la sûreté et de la police générale des arsenaux et autres établissements de la marine. Ses obligations particulières à cet égard sont définies dans les consignes arrêtées par les préfets maritimes et directeurs d'établissement.

Elle fournit des postes à toutes les issues, portes, grilles, etc., et à l'intérieur desdits établissements.

Elle exécute des rondes et patrouilles de jour et de nuit, tant à l'intérieur qu'à l'extérieur.

Les dépôts de clefs sont sous sa garde.

Art. 29. — La police judiciaire maritime est une des attributions les plus importantes de la gendarmerie maritime.

Sous réserve du droit de priorité dévolu au sous-aide-major par l'article 21, les officiers, sous-officiers et commandants de brigade concourent, en leur qualité d'officiers de police judiciaire maritime. à la recherche et à la constatation de tous les crimes et délits commis, dans les ports militaires, arsenaux et établissements de la marine, par des individus relevant des juridictions militaires de la marine.

Ils procèdent, soit directement, en cas de flagrant délit, soit sur réquisition et par délégation, à tous les actes de leur compétence, en se conformant aux dispositions contenues dans les articles 116 et suivants du code de justice militaire pour l'armée de mer.

Art. 30. — Les militaires de la gendarmerie, officiers de police judiciaire, sont spécialement chargés de procéder aux constatations légales en cas de découverte de cadavre, de mort subite ou violente dans les arsenaux ou établissements de la marine, et de dresser le procès-verbal exigé par l'article 81 du code civil.

Art. 31. — Toutes les parties des arsenaux, tous les ateliers, magasins, chantiers, casernes et autres établissements de la marine, sont ouverts aux officiers de gendarmerie maritime et aux militaires de ce corps opérant en qualité d'officiers de police judiciaire.

Art. 32. — Les officiers, sous-officiers et commandants de brigade de gendarmerie maritime exécutent les commissions rogatoires qui leur sont adressées à l'effet d'entendre des témoins, de recueillir des renseignements et d'accomplir tous les actes inhérents à leur qualité d'officiers de police judiciaire maritime.

Art. 33. — Les militaires de la gendarmerie maritime circulent librement dans toutes les parties des arsenaux et établissements, à l'exception des chantiers, magasins, bureaux, etc.... où le maintien de l'ordre et la discipline du travail appartient aux chefs de service intéressés.

Toutefois, ils peuvent pénétrer dans les locaux ci-dessus visés :

1° Quand ils agissent comme officiers de police judiciaire maritime ;

2° Lorsque des raisons de service les y appellent ou qu'un danger est à craindre à l'intérieur de ces bâtiments ;

3° S'ils sont requis par un agent compétent ;

4° S'ils sont à la poursuite d'un délinquant.

Art. 34. — Les militaires de la gendarmerie maritime veillent à l'exécution des consignes et dressent procès-verbal contre ceux qui commettent des infractions à ces consignes.

Ils veillent à ce qu'il ne soit fait aucune dégradation aux propriétés de la marine, et interdisent l'entrée des ateliers, magasins et navires en construction, aux personnes non autorisées.

Ils arrêtent les personnes qui se trouvent dans les arsenaux ou autres établissements sans permission, ou qui refusent de se faire connaître.

Ils déposent au violon du poste le plus voisin celles qui sont en état d'ivresse, pour y être retenues jusqu'à ce qu'elles aient recouvré leur raison.

Art. 35. — Au cours de leurs rondes à l'intérieur des arsenaux ou autres établissements de la marine, les militaires de la gendarmerie maritime surveillent d'une façon particulière les mouvements de matériel et s'assurent que les transports d'objets et d'effets sont régulièrement opérés.

Tout individu arrêté avec des effets ou objets présumés volés, est conduit immédiatement devant le chef de poste de gendarmerie le plus voisin.

Art. 36. — Les militaires de la gendarmerie maritime s'attachent à prévenir et à signaler les commencements d'incendie. Ils s'assurent que les dépôts de bois, copeaux et matières combustibles sont éloignés de tout feu.

Ils participent, dans les conditions fixées par les consignes locales, à la surveillance des feux et aux rondes spéciales d'incendie.

En cas d'incendie, tous les officiers, sous-officiers, brigadiers et gendarmes disponibles se mettent immédiatement à la disposition des autorités qui dirigent les secours.

Art. 37. — En cas d'accident survenu sur les chantiers des entreprises civiles dans l'arsenal ou autre établissement de la marine et ayant occasionné des blessures ou la mort d'une ou de plusieurs personnes, la gendarmerie se transporte sur les lieux pour prendre des informations, constater la nature et la cause de l'accident et dresser procès-verbal.

Art. 38. — Dans les ports militaires, la gendarmerie maritime fait, en ville et aux environs, des patrouilles de jour et de nuit.

Elle recherche les marins absents illégalement et déserteurs.

Elle signale à l'autorité maritime ou arrête, suivant le

cas, les marins qui sont mêlés à des incidents sur la voie publique, ceux qui se sont rendus coupables d'infractions ou qui sont rencontrés dans une tenue irrégulière.

Elle renseigne également l'autorité maritime au sujet des marins en activité de service qui tiennent illicitement un commerce.

Les marins de l'Etat arrêtés par la gendarmerie pour absence illégale ou infraction de toute nature, sont conduits directement à bord de leur bâtiment ou service, ou, en cas d'éloignement de ce bâtiment ou service, au dépôt des équipages de la flotte.

La destination à donner aux déserteurs arrêtés ou se présentant volontairement est indiquée dans l'instruction sur la désertion dans l'armée de mer.

Art. 39. — Si les militaires de la gendarmerie maritime reconnaissent, chez des marchands ou chez des particuliers, des effets ou des objets à la marque de la marine ou qu'ils auraient lieu de croire lui appartenir, ils en rendent compte sur le champ à leur chef direct.

•

Section II. — Service dans les quartiers d'inscription maritime

Art. 40. — Les sous-officiers, brigadiers et gendarmes détachés comme chefs de poste entretiennent une correspondance suivie avec leur commandant de compagnie.

Ils adressent, tous les cinq jours, à cet officier un rapport donnant la situation d'effectif du poste, les mutations et indisponibilités survenues depuis l'envoi du précédent rapport, ainsi que tous les faits méritant d'être signalés.

En cas d'événement important ou grave, le chef de poste avise le commandement par l'envoi d'un rapport spécial, et, au besoin, par télégraphe ou téléphone.

Les chefs de poste inscrivent sur un journal spécial, qui est transmis tous les mois, au commandant de compagnie, le service accompli chaque jour, tant par eux-mêmes que par les militaires sous leurs ordres. Ce journal est présenté chaque jour, à la signature de l'administrateur de l'inscription maritime.

Art. 41. — Les militaires de la gendarmerie maritime détachés dans les quartiers doivent employer tous les moyens en leur pouvoir pour appuyer et faire respecter l'autorité des administrateurs de l'inscription maritime.

Ils assurent le maintien de l'ordre dans les bureaux lorsque les marins ou leurs familles s'y présentent pour affaires de service, réclamations, etc. Ils ne restent d'ailleurs de planton dans les bureaux qu'autant que leur présence est nécessaire pour cet objet et ne peuvent y être employés comme secrétaire ou copistes, la nature de leur service étant incompatible avec ces fonctions.

Art. 42. — Les militaires de la gendarmerie maritime se rendent, s'il y a lieu, dans toutes les communes du quartier pour notifier aux inscrits les ordres individuels de levée pour le service.

Ils secondent, au besoin, l'exécution de ces ordres.

Pour assurer les effets du rappel ou de la mobilisation, ils prêtent et, au besoin, ils requièrent main-forte dans les conditions légales.

Art. 43. — Dans les tournées, courses, rondes ou patrouilles de jour et de nuit qu'ils sont tenus de faire en ville et dans l'étendue de la circonscription de leur résidenee, sur les quais, ports, rivières et lieux de pêche, les militaires de la gendarmerie maritime recherchent et arrêtent les déserteurs et insoumis.

Ils visitent, à cet effet, les auberges, cabarets et autres maisons ouvertes au public.

Ils assistent, autant que possible, au départ et à l'arrivée des paquebots et autres navires à service régulier.

Art, 44. — La gendarmerie maritime surveille les marins de l'Etat qui se trouvent dans leurs foyers en position régulière d'absence, et le cas échéant, renseigne l'autorité compétente sur les motifs qui empêchent ces marins de rejoindre leurs bâtiments, dépôts ou services, à l'expiration de leur permission ou congé.

Elle arrête ceux qui ne sont pas porteurs d'une feuille de route ou d'une permission régulière.

Art. 45. — Les militaires de la gendarmerie maritime se portent fréquemment sur les côtes pour s'enquérir des événements survenus et en donnent connaissance, sans retard, aux administrateurs de l'inscription maritime.

Au cours de ces tournées, ils constatent, par procès-verbal, les infractions aux lois, décrets et règlements relatifs à la police de la navigation, des pêches, et du domaine public maritime.

Les procès-verbaux dressés à ce sujet sont, dans le cas où la loi l'exige, affirmés, dans les trois jours de leur clôture, devant le juge de paix puis remis à l'administrateur de l'inscription maritime pour recevoir telle suite qu'il y a lieu.

Art. 46. — En cas de bris, naufrages et échouements, les militaires de la gendarmerie maritime accompagnent les administrateurs de l'inscription maritime sur les lieux du sinistre, afin de les seconder et de veiller au maintien de l'ordre.

Lorsque des épaves sont amenées par la mer sur le rivage, il les font mettre en lieu de sûreté et dressent procès-verbal de cette opération.

Lorsque des cadavres sont trouvés sur les grèves, ils se transportent, au premier avertissement, pour en rechercher l'identité et recueillir tous les renseignements propres à éclairer la justice. Un procès-verbal constatant le résultat de leurs investigations est immédiatement rédigé et remis à l'administrateur du quartier, qui l'adresse à qui de droit.

CHAPITRE II

Service extraordinaire

Art. 47. — Dans les ports militaires, la gendarmerie maritime transfère les détenus de la prison maritime aux hôpitaux et réciproquement.

Elle est également chargée du transfèrement des condamnés qui doivent subir leur peine dans la prison maritime d'un autre port, ainsi que la remise à l'autorité compétente de ceux qui doivent être écroués dans un établissement pénitentiaire militaire ou civil.

Art. 48. — La gendarmerie maritime conduit devant

les rapporteurs près les tribunaux de la marine les marins et autres individus prévenus de crimes ou de délits dont la connaissance ressortit à ces tribunaux.

Elle fournit le nombre de sous-officiers, brigadiers et gendarmes nécessaires pour conduire et garder les prévenus dans les salles d'audience et pour maintenir l'ordre pendant la durée des séances.

Art. 49. — La gendarmerie maritime escorte les convois de poudre, explosifs, etc., en provenance ou à destination des établissements de la marine.

Elle fournit également les escortes demandées par une autorité maritime pour le transport des fonds.

Art. 50. — La gendarmerie maritime peut être requise pour maintenir l'ordre pendant les ventes publiques faites par la marine, les payements des délégations, des retraites, des demi-soldes, etc.

Art. 51. — Les militaires de la gendarmerie maritime se transportent à bord des navires français, de commerce ou de pêche, à l'effet d'y dresser les procès-verbaux relatifs aux insubordinations, voies de fait et autres crimes et délits de la compétence des tribunaux maritimes commerciaux.

Ils se rendent également, sur l'ordre des administrateurs, à bord des navires étrangers, à l'effet d'y rechercher et arrêter les marins et soldats français, déserteurs ou insoumis qui pourraient s'y trouver.

Sur l'ordre des administrateurs de l'inscription maritime, ils arrêtent les marins étrangers insubordonnés, déserteurs ou absents illégalement et les conduisent, suivant le cas, à leur bord, en prison ou chez le consul de la nation à laquelle ils appartiennent.

Art. 52. — Les militaires de la gendarmerie maritime peuvent être appelés à exercer un service de garde de jour et de nuit, sur les navires de commerce français et étrangers, soit pour prévenir la désertion de l'équipage, soit pour interdire l'accès de ceux qui sont en quarantaine ou chargés de matières dangereuses, soit pour tout autre motif d'intérêt public.

Ils peuvent aussi conduire à la gare du chemin de fer ou à bord des navires transporteurs les marins du commerce destinés à des navires qui arment dans un autre port.

Ils reçoivent pour ces services et pour les arrestations, captures, et conduites de marins du commerce, les allocations et primes fixées par les tarifs en vigueur.

TITRE IV

Dispositions générales

Art. 53. — Le présent décret entrera en vigueur le 1er janvier 1918, date à laquelle le décret du 15 juillet 1858 sera abrogé.

Art. 54. — Le ministre de la marine est chargé de l'exécution du présent décret qui sera inséré au *Journal officiel*, au *Bulletin des lois* et au *Bulletin officiel de la marine*.

Fait à Paris, le 22 décembre 1918.

R. POINCARÉ.

Par le Président de la République :

Le ministre de la marine,

Georges LEYGUES.

Paris. Imp. Léautey, rue Saint-Guillaume, 24. — 2 L

www.ingramcontent.com/pod-product-compliance
Ingram Content Group UK Ltd.
Pitfield, Milton Keynes, MK11 3LW, UK
UKHW020433220726
13923UKWH00005B/2172

9 782329 085807